CATALOGUE

DE TRÈS BONS

Livres d'Architecture

ET

D'ORNEMENTS

DES XVIᵉ, XVIIᵉ ET XVIIIᵉ SIÈCLES

ORNEMENTS EN FEUILLES

DONT LA VENTE AUX ENCHÈRES PUBLIQUES AURA LIEU

HOTEL DES COMMISSAIRES-PRISEURS, RUE DROUOT, Nᵒ 9

SALLE Nᵒ 10

Le jeudi 16 avril 1896

A deux heures précises.

Par le ministère de Mᵉ **MAURICE DELESTRE**, Commissaire-Priseur,
rue Drouot, 27,

Assisté de M. **JULES BOUILLON**, marchand d'estampes de la Bibliothèque
nationale, rue des Saints-Pères, 3.

PARIS, 1896

PARIS

IMPRIMERIE D. DUMOULIN ET Cie

5, RUE DES GRANDS-AUGUSTINS, 5

CATALOGUE

DE TRÈS BONS

Livres d'Architecture

ET

D'ORNEMENTS

DES XVIᵉ, XVIIᵉ ET XVIIIᵉ SIÈCLES

ORNEMENTS EN FEUILLES

DONT LA VENTE AUX ENCHÈRES PUBLIQUES AURA LIEU

HOTEL DES COMMISSAIRES-PRISEURS, RUE DROUOT, Nº 9

SALLE Nº 10

Le jeudi 16 avril 1896

A deux heures précises.

Par le ministère de Mᵉ **MAURICE DELESTRE**, Commissaire-Priseur,
rue Drouot, 27,

Assisté de M. **JULES BOUILLON**, marchand d'estampes de la Bibliothèque
nationale, rue des Saints-Pères, 3.

PARIS, 1896

CONDITIONS DE LA VENTE

Elle sera faite au comptant.

Les acquéreurs payeront CINQ POUR CENT en sus des enchères applicables aux frais de vente.

M. BOUILLON se réserve la faculté de réunir ou de diviser les lots.

DÉSIGNATION

LIVRES D'ARCHITECTURE
ET
D'ORNEMENTS

1 — **Babel.** Différents compartiments d'ornements. Cinq pièces publiées chez Hertel.

2 — **Baptiste (J.-B. Monnoyer, dit).** Livre de toutes sortes de fleurs, d'après nature. Dix-neuf pièces.

3 — **Barbet** et **Picart.** Cheminées et Cartouches. Huit pièces.

4 — **Bella (S. della).** Frises et Arabesques. Vingt-quatre pièces. Belles épreuves.

5 — **Bibiena** (J.-G.). Catafalques et Scènes de la vie de Jésus dans de riches compositions d'architecture. Onze pièces en 1 vol. in-fol., cart.

6 — **Blondel.** Livre nouveau ou Règle des cinq ordres d'architecture par Jacques Barozzio de Vignole. Nouvellement revu, corrigé et augmenté par M. B., architecte du Roy, avec plusieurs morceaux de Michel-Ange, Vitruve, Mansard et autres célèbres architectes, tant anciens que modernes. A Paris, chez l'auteur, 1767. 1 vol. in-fol., cart. Titre, avis au lecteur et 104 planches.

7 — **Boffrand.** Livre d'architecture contenant les principes généraux de cet art et les plans, élévations et profils de quelques-uns des batimens faits en France et dans les pays étrangers par le sieur Boffrand, architecte du Roy et de son Académie royale d'architecture. Ouvrage françois et latin enrichi de planches en taille-douce. A Paris, chez Guillaume Cavelier père, 1745. 1 vol. in-fol., veau.

A la fin de cet ouvrage, se trouve relié : Description de ce qui a été pratiqué pour fondre en bronze d'un seul jet la figure équestre de Louis XIV, élevée par la ville de Paris dans la place de Louis-le-Grand en mil six cent quatre-vingt-dix-neuf. Paris, 1743.

8 — **Bourdon** (P.). Premier, deuxième et troisième Livres d'essais de gravure par Pierre Bourdon, où l'on voit de beaux contours d'ornement traités dans le goût de l'art propre aux horlogeurs, orfèvres, cizeleurs, graveurs et à toutes personnes curieuses. Dix-neuf pièces. Manque le titre des deux premiers livres. Le troisième est complet.

8 *bis* — Vingt-cinq pièces doubles des suites précédentes, originaux et copies.

9 — **Bourguet**. Ornements pour horlogers et orfèvres. Trois pièces.

10 — **Boyceau** (Jacques). Traité du jardinage, selon les raisons de la nature et de l'art, divisé en trois livres. Ensemble divers dessins de parterres, pelouzes, bosquets et autres ornemens servans à l'embellissement des jardins, par Jacques Boyceau, écuyer, sieur de la Barauderie.... A Paris, chez Michel Vanlochon, rue Saint-Jacques, à la Rose-Blanche. 1638. 1 vol. in-fol., veau. Texte et 60 planches.

11 — **Chambers**. Traité des édifices, meubles, habits, machines et ustensiles des Chinois, gravés sur les originaux, dessinés à la chine par M. Chambers, architecte anglais. A Paris, chez le sieur Le Rouge. 1776. 1 vol. in-4, cart.

12 — **Daviler**. Cours d'architecture qui comprend les ordres de Vignole, avec des commentaires, les figures et les descriptions de ses plus beaux bâtiments, etc., par d'Aviler. Nouvelle édition, enrichie de nouvelles planches, et revue et augmentée de plusieurs desseins conformes à l'usage présent. .. A Paris, chez Jean Mariette. 1738. 1 vol. in-4, veau marbré, fig.

13 — **Decker** (Paul). Furstlicher Baumester order Architecture civilis, etc. Durch. Paul Decker. Augsburg, 1711.

1 vol. in-fol., vel., contenant titre, frontispice et texte avec la série complète de 59 planches. Rare.

14 — Furstlichen Baumeisters Anhang zum Ersten theil... inventiert und Gezechnet von Paulus Decker.... Jeremias Wolff in Augsburg, 1713. 1 vol. in-fol., vel., contenant un titre et la suite complète de 40 planches. Rare.

15 — Furstlichen Baumeisters oder Architecturæ civilis, von Paulus Decker. Augsburg, J.-J. Lotter, 1716. 1 vol. in-fol., vel., contenant titre et la suite complète de 32 planches. Rare.

16 — **Dieterlin** (Wendel). Architectura von Austheilung symetrica und proportion der funff seulen. Und aller darausz volgender kunst arbeit, von fenstern, Carminen thurgerichten, portalen, Bronnen un epitaphen... Durch Wendel Dieterlin, Malern zu Strasburg.... 1655. 1 vol. in-fol., demi-rel., titre gravé, remmargé. Portrait, texte et environ 200 planches. Les deux dernières sont remmargées.

17 — **Divers.** Ornements divers, par Watteau, Bachelier, Mitelli, Delaune et Grossmann. Vingt-sept pièces.

18 — **Ducerceau.** Livre d'architecture de Jacques-Androuet Ducerceau, contenant les plans et dessaings de cinquante bastimens tous differens pour instruire ceux qui désirent bastir, soient de petit, moyen, ou grand estat, avec déclaration des membres et commoditez, et nombre de toises que contient chacun bastiment, dont l'élévation des faces est figurée sur chacun plan. A Paris, 1561. Dans le même volume.

Second Livre d'architecture, par Jacques-Androuet Ducerceau, contenant plusieurs et diverses ordonnances de cheminées, lucarnes, portes, fontaines, puis et pavillons, pour enrichir tant le dedans que le dehors de tous édifices, avec les dessins de dix sépultures toutes différentes. A Paris, de l'imprimerie d'André Wechel,

1561. Contient titre, dédicace et 66 planches. 1 vol.
in-fol., velin. Très bel exemplaire.

19 — 56 planches du second Livre d'architecture, décrit ci-
dessus. Cheminées, fenêtres, portes, fontaines, puis, pavillons et tombeaux. 1 vol. in-fol., vél.

20 — Livre d'architecture de Jacques-Adrouet Ducerceau,
contenant les plans et dessaings de cinquante bastiments
tous différens pour instruire ceux qui désirent bastir,
soyent de petit, moyen ou grand état.... A Paris, chez
Jean Berjon, 1611. 1 vol. in-fol., vél.

21 — Le premier volume des plus excellants bastiments de
France, auquel sont designez les plans de quinze bastimens et de leur contenu ; ensemble les élévations et
singularitez d'un chacun, par Jacques-Androuet Du Cerceau, architecte. A Paris, par ledit Jacques-Androuet
Du Cerceau, 1576. 1 vol. in-fol., veau, avec fers sur les
plats.

22 — Leçons de perspective positive, par Jacques-Androuet
Ducerceau, architecte. A Paris, par Mamert Patisson,
imprimeur, 1676. 1 vol. petit in-fol., vel.

23 — Meubles, tables et lits. Six pièces. Très belles épreuves.

24 — Premier recueil d'ornemens grotesques et arabesques,
par Ducerceau (grandes arabesques). A Paris, chez
Jombert, 1764. Quarante-six pièces. Très belles épreuves
avec marges.

25 — Livre d'ornements grotesques et arabesques (petites
arabesques). A Paris, chez Jombert. Soixante pièces imprimées sur quinze feuilles. Très belles épreuves avec
marges.

26 — Fragments d'anciens monuments de Rome. Onze pièces,
plus une petite arabesque.

27 — L'Égaré. Livre de feuilles d'orfèvrerie, inventé par
Gédéon l'Égaré. Sept pièces. Le titre est double.

28 — **Eisler, Grendel** et **de Winter**. Rosaces, cheminées, ornements de feuillages. Six pièces.

29 — **Farinati**. Diverses figures à l'eau-forte de petits amours, anges vollants et enfans, propres à mettre sur fronlons, portes et autres lieux, ensemble plusieurs sortes de masques de l'invention de Paul Farinati, Italien. A Paris, chez C.-A. Jombert. Trente et une pièces, imprimées sur seize feuilles.

30 — **Forty**. Œuvres de serrurerie inventées par J.-F. Forty, dessinateur. (Rampes.) Quatre pièces.

31 — **Germain** (P.). Livre d'ornemens composés par Pierre Germain, marchand orfèvre jonyllier à Paris. 1751. Trois pièces d'une suite de dix.

32 — **Guérard** (Nicolas). Di.erses pièces de serrurerie pour portes cochères et portes bourgeoises. Entrée de serrures, fermeture de chœur d'églises, apuy de communion, rozettes, boucles de portes, rampes et balcons. A Paris, chez Nicolas Guerard. S. d. Suite de douze pièces. Rares.

33 — **Hopfer**. Vases. Huit pièces.

34 — **L'Hôtel** superbe de la ville d'Augsbourg représenté en seize différentes vues extérieures et principalement intérieures, à l'égard de la beauté de ses appartemens et des sales ornées des peintures admirables. Le tout dessiné sur les lieux et mis en taille-douce aux dépens des héritiers de feu Jérémie Wolff. 1733. 1 vol. in-fol. obl., cart.

35 — **Jacque**. Vases nouveaux, composés par M. Jacque, peintre et dessinateur. A Paris, chez Daumont. Six pièces dont un titre, avec marges.

36 — **Jousse** (Mathurin). La fidèle ouverture de l'art de serrurier, où l'on voit les principaux préceptes, desseings et figures touchant les expériences et opérations manuelles dudict art. Ensemble un petit traicté de diverses trempes. Le tout faict et composé par Mathurin Jousse,

de La Flèche. A La Flèche, chez Georges Griveau, 1627.
Pet. in-fol., fig., vel. Bel exemplaire. Le titre est remmargé.

37 — **De La Fosse.** Partie du troisième recueil relatif à
l'ameublement.

> Cahier B. 4 pièces.
>   — C. 4 pièces.
>   — D. 4 pièces.
>   — F. 4 pièces.
>   — G. 4 pièces.
>   — H. 1 pièce.
>   — K. 4 pièces.
>   — O. 2 pièces.
>   — R. 2 pièces.

En tout vingt-neuf pièces. Très belles épreuves.

38 — **Lamour** (J.). Représentation des grilles de la place
Stanislas, à Nancy. 27 planches sans titre. En 1 vol.
in-fol., cart.

39 — **Lasinio.** Panneaux de frises, genre grotesque. Six
pièces.

40 — **Le Muet.** Manière de bien bastir pour toutes sortes de
personnes, contenant les moyens d'élever des bastimens
de toutes grandeurs, d'y faire tous les ornemens, commoditez et détachemens qui s'y peuvent souhaiter. Ensemble des desseins pour bastir régulièrement sur toute
sorte de place. Par Pierre Le Muet... Divisé en deux
parties. A Paris, chez François Jollain. 1681. 1 vol.
in-fol., veau.

41 — **Le Pautre** (Jean). Serrurerie, — Nouveaux dessins
pour embelir les carosses, — Plafonds, vases, frises, etc.
Vingt-huit pièces.

42 — **Mansart** (d'après J.). Décoration des lambris du salon
de Brunois. Deux pièces publiées chez N.-J.-B. de Poilly.

43 — **Mariette.** L'Architecture française, ou Recueil des
plans, élévations, coupes et profils des églises, palais,

hôtels et maisons particulières de Paris, et des chasteaux
et maisons de campagne ou de plaisance des environs,
et de plusieurs autres endroits de France, bâtis nouvellement par les plus habiles architecte- et levés et me-
surés exactement sur les lieux. A Paris, chez Jean Mariette. 1727. 2 vol. in-fol., veau marbré, contenant
450 planches. Très bel exemplaire.

44 — L'Architecture française. Recueil contenant 140 planches
en 1 vol. in fol., veau marbré.

45 — **Marillier** et **Saint-Aubin**. Attributs, chiffres. Ornemens par Loir. Sept pièces.

46 — **Marot** (D.). Opera D. Marot, Architecti Gulielmi III
Regis Magnæ Britanniæ.... Recueil contenant un titre et
108 planches de l'œuvre de Daniel Marot. Edition hollan-
daise. 1 vol. petit in-fol., veau.

47 — Intérieurs d'appartemens et plafonds. Dix-sept pièces
imprimées en sanguine.

48 — **Oppenord** (G.-M.). Série de douze livres contenant
chacun six planches (pendules, frises, panneaux, cartouches, gaines, etc.) composant la suite connue sous le
nom de Moyen Oppenord. De cette suite, nous ne possé-
dons que les dix premiers cahiers en 1 vol. in-fol. obl ,
veau, avec armoiries sur les plats.

49 — Livre de fragments d'architecture, recueillis et dessinés
à Rome d'après les plus beaux monumens, par G.-M. Oppenord. A Paris, chez Huquier. S. d. 168 compositions
imprimées sur 84 feuilles. 1 vol. in-8, veau.

50 — Livre des fragments d'architecture. Cinquante - trois
pièces publiées par Martin Engelbrecht. S. d. 1 vol. in-4,
veau.

51 — **Perelle**. Vcues des belles maisons de France, dessinée,
et gravées par Perelle. A Paris, chez N. Langlois. S. d.
(vers 1690). In-4 obl., veau mar. Superbe exemplaires
contenant 289 planches sur 251 feuilles.

52 — **Pierretz.** Livre nouveau de serrurerie, inventé par Pierretz le jeune. Se vend chez F. Poilly. Suite de douze pièces avec marges.

53 — **Poulleau.** Nouveaux dessins de cheminées, — Serrurerie, balcons, grilles, rampes, clefs et entrées de serrures. Neuf pièces.

54 — **Putei.** Perspectiva pictorum et architectorum Andreæ Putei e Societate Jesu. Première et deuxième parties. Roma, 1700-1702. 1 vol. in-fol. vélin.

55 — Le même ouvrage. 1700-1703. En 2 vol. in-fol. vél.

56 — **Ranson.** Premier cahier de groupes de fleurs et d'ornements. Suite de six pièces gravées par Berthault. Manque le n° 3. Belles épreuves, toutes marges.

57 — Trophées d'attributs divers. Groupes de fleurs et d'ornements variés. Dix pièces de diverses suites.

58 — **Roupert.** Dessins de feuillage et d'ornements pour l'orfèvrerie et la niellure. Quatre pièces, plus le portrait du maître gravé par P. Rabon. Cinq pièces.

59 — **Salembier.** Ornements en forme de frises. Sept pièces originaux et copies.

60 — **Sandrart.** Portraits des peintres célèbres et ornements divers. Trente et une pièces en 1 vol. in-fol. vel.

61 — **Santi** (D.). Chapiteaux. Dix-huit pièces. Belles épreuves. Rares.

62 — **Schubler.** Prima editione delle opere del Sig. Gio Giaccomo Schubler per la quale e intentionator d'amplificare quella famosa già publicata opera d'architectura del Sig. Goldman.... Jeremias Wolff excudit, in Augsbourg. Titres, texte et soixante planches divisées en dix suites de six pièces chacune, avec titre à chaque suite. A la fin sont ajoutées quarante et une pièces de l'œuvre de Toro, publiées par Wolff. 1 vol. pet. in-fol., veau.

63 — Recueil de meubles divers, publié par les héritiers de Jerôme Wolff. Soixante-sept pièces en 1 vol. petit in-fol., demi-rel. bas.

64 — **Serlio**. Les six Livres d'architecture de Sébastiano
Serlo, Bolognese. In Venezia, 1566. 1 vol. in-4, cart.,
figures sur bois.

65 — **Tapisseries** du Roy, où sont representez les quatre
Elemens et les quatre Saisons, avec les devises qui les
accompagnent et leur explication. Augsbourg, 1587.
1 vol. in-fol., cart.

66 — **Thomassin**. Recueil des statues, groupes, fontaines,
termes, vases, et autres magnifiques ornemens du châ-
teau et parc de Versailles ; le tout gravé d'après les originaux par Simon Thomassin. A La Haye, chez Rutgert
Alberts, 1724. 1 vol. in-4, vél.

67 — **Toro** (B.). Livre de cartouches, dédié à M. Louis de
Lenfant, conseiller du Roy, inventé par son très humble
serviteur B. Toro. A Paris, chez de Poilly. Suite de six
pièces. Le titre est double, en deux états différents.

68 — Trophées nouvellement inventés par J.-B. Toro, et se
vend à Paris chez le sieur Dubuisson. Gravées par Cochin. Cinq pièces, dont un titre.

69 — Cartouches, Tables et Guéridons. Neuf pièces.

70 — Cartouches nouvellement inventez par J.-B. Toro. Chez
le sieur Dubuisson, gravées par Cochin. Suite de six
pièces, dont cinq avec grandes marges.

71 — Cinq pièces de la suite précédente. (Manque le titre.)

72 — La même suite, complète, publiée chez J. Wolff à Augsburg. Épreuves à toutes marges. Plus la même suite avec
l'adresse de Probst ajoutée à celle de Wolff.

73 — **Vauquer**. Bouquets de fleurs et sujets religieux. Vingt-
trois pièces originaux et copies.

74 — **Vérien**. Recueil d'emblèmes, devises, médailles et devises hieroglyphiques au nombre de plus de douze cents,
avec leur explication, par le sieur Verien, maître graveur. Paris, Claude Jombert, 1724. Dans le même volume :
Livre curieux et utile pour les sçavans et artistes, com-

posé de trois alphabets de chiffres simples, doubles et triples, fleuronnez et au premier trait, accompagné d'un très grand nombre de devises, emblèmes, médailles et autres figures hieroglyphiques, ensemble de plusieurs supports et cimiers pour les ornemens des rmes. Avec une table très ample par le moyen de laquelle on trouvera facilement tous les noms imaginables ; le tout inventé, dessiné et gravé par Nicolas Verien, maître graveur. A Paris, chez J. Jombert, s. d. 1 vol. in-8, veau marbré. Rare.

75 — Le même ouvrage. 1 vol. in-8, veau, avec le portrait de Nicolas Vérien par Edelinck.

76 — **Weigel**. Unterschiedliche Stücke vom Büchsenmachen reichlich versehen mit allerhand figuren und Zierrathen, von Schmeltz Damascener und eingelegtem Silber-Werck, vorgestellet unter Anleitung der geschicktesten Büchsen-Schmite zu Paris. Johann Christoph Weigel, excudit. Suite de dix pièces arquebuscrie, dont un titre. Très belles épreuves. Toutes marges.

77 — **Weis**. Représentation des fêtes données par la ville de Strasbourg, pour la convalescence du roi, à l'arrivée et pendant le séjour de Sa Majesté en cette ville. Inventé, dessiné et dirigé par J.-M. Weis, graveur de la ville de Strasbourg. S. l. n. d. 1 vol. In-fol., cart.

Imp. D Dumoulin et Cᵉ, à Paris.